TYPOGRAPHIE DE Mme Ve DONDEY-DUPRÉ,
46, rue Saint-Louis, au Marais.

ALPHABET

ILLUSTRÉ DE CENT CINQUANTE GRAVURES

DÉDIÉ AUX

ÉNFANS BIEN SAGES

PARIS

DESESSERTS, ÉDITEUR DE LA LIBRAIRIE A ILLUSTRATIONS POUR LA JEUNESSE

38, PASSAGE DES PANORAMAS

1849

LETTRES MAJUSCULES.

A B C D E F G H
I J K L M N O P
Q R S T U V X Y
Z.

LETTRES MINUSCULES.

a b c d e f g h i
j k l m n o p q r
s t u v x y z æ œ
w ff fl fi

LETTRES ITALIQUES.

a b c d e f g h i j
k l m n o p q r s t
u v x y z

ba be bi bo bu ca ce ci co cu
da de di do du fa fe fi fo fu
ga ge gi go gu ha he hi ho hu
ja je ji jo ju ka ke ki ko ku
la le li lo lu ma me mi mo mu
na ne ni no nu pa pe pi po pu
ra re ri ro ru sa se si so su
ta te ti to tu va ve vi vo vu
xa xe xi xo xu za ze zi zo zu

VOYELLES.

a e i (ou y) o u.

CONSONNES.

b c d f g h j k l m n
p q r s t v x z.

Pa-pa ma-man gâ-teau pou-pée dra-gée bon-bon vo-lant se-rin rai-sin voi-sin poi-re pom-me cou-teau cha-peau bon-net ca-non pou-let ca-ba-ne ca-ba-ret con-fi-ture é-tren-nes lai-tiè-re li-vre gra-vu-re pa-pier po-li-chi-nel-le che-val voi-tu-re chè-vre jar-din â-ne chat chien tam-bour fleur so-leil va-che mou-ton ce-ri-se chai-se su-cre mas-ca-ra-de four-chet-te cuil-lè-re so-leil pluie mou-chet-tes as-siet-te ar-ro-soir vio-let-te ro-se mar-gue-ri-te a-mi-tié cha-grin tra-vail com-plai-san-ce bon-té.

Mon pe-tit en-fant ai-me à jou-er; mais il doit au-ssi ai-mer à li-re.

CHIFFRES.

1	2	3	4	5	6
un	deux	trois	quatre	cinq	six

7	8	9	10	11	12
sept	huit	neuf	dix	onze	douze

13	14	15	16	17
treize	quatorze	quinze	seize	dix-sept

18	19	20	30
dix-huit	dix-neuf	vingt	trente

40	50	60
quarante	cinquante	soixante

70	80
soixante-et-dix	quatre-vingt

90	100	1000
quatre-vingt-dix	cent	mille

10,000	100,000	1,000,000.
dix mille	cent mille	million.

Il faut que nous res-tions tran-quil-les, car nos pa-rents nous ont re-com-man-dé de ne pas a-voir trop chaud. A quoi donc allons-nous jou-er?

Quel plai-sir d'al-ler à la pen-sion pas-ser de bon-nes jour-nées a-vec de gen-til-les com-pa-gnes! On a, il est vrai, de la pei-ne à quit-ter sa ten-dre mè-re; mais, comme l'on sait lui être a-gré-a-ble, l'on se con-so-le en tra-vail-lant bien.

Jé-rô-me re-vient de la fo-rêt, où il a fait des fa-gots; ses sœurs l'at-ten-daient a-vec im-pa-tien-ce, car leur pè-re est bien souf-frant; il fait froid, et on n'a pas de bois pour ré-chauf-fer ses mem-bres en-gour-dis.

Ed-mond et Al-phon-si-ne font la dî-net-te a-vec Ju-les, un de leurs pe-tits voi-sins qui est un en-fant gai et ai-ma-ble. Tous trois sont de char-mants en-fans; leurs pa-rents sont si con-tents d'eux qu'ils ne sau-raient leur re-fu-ser le moin-dre plai-sir.

Mon cher Al-bert, de vo-tre fe-nê-tre vous a-vez a-ga-cé ce sin-ge qui vous di-ver-tis-sait; cet a-ni-mal n'est pas très-en-du-rant, et en moins d'u-ne mi-nu-te le voi-là à vo-tre bal-con, vous de-man-dant com-pte de vos ta-qui-ne-ries.

Mes bon-nes a-mies, je vais por-ter ces fruits à la pau-vre Mar-gue-rite, ma vieil-le nour-ri-ce; sur-tout que l'on n'en sa-che rien, car le mé-ri-te d'une bon-ne ac-tion est de res-ter i-gno-rée.

On a fait ca - deau à Char-les d'un très-beau livre, qui ren-fer-me de jo - lies gra - vu - res; il s'em-pres-se de les mon-trer à son frè-re et à ses sœurs, qui, ne sa-chant pas en-co-re li-re, en de-man-dent l'ex-pli-ca-tion.

Ca-ro-li-ne cueil-le de jo-lies fleurs pour fai-re un bou-quet à sa ma-man, tan-dis que la pe-ti-te Ber-the tres-se une cou-ron-ne de mar-gue-ri-tes. Jouis-sez à la cam-pa-gne de tous les plai-sirs de vo-tre â-ge.

Mar - gue-ri-te res-te près de sa va-che pour la gar-der; el-le en prend grand soin, car el-le sait qu'a-vec son lait on fait du beur-re et du fro-ma-ge, que sa mè-re por-te tous les jours à la vil-le, car c'est là leur seul moy-en d'e-xis-ten-ce.

Lors-que les en-fans sont bien sa-ges et bien o-bé-is-sants, on leur per-met de ré-u-nir quel-ques a-mis et d'al-ler aux Tui-le-ries dan-ser de jo-lies ron-des. On est tou-jours ré-com-pen-sé lors-que l'on a un ca-rac-tère doux et gra-cieux.

Je suis bien con-ten-te de ma pe-ti-te Thé-rè-se, el-le lit a-vec at-ten-tion; aus-si lui don-ne-rai-je en ré-com-pen-se les *Con-tes du Bon-hom-me Etrennes*, livre char-mant, rem-pli d'un nom-bre in-fi-ni de jo-lies gra-vu-res.

Eu-gé-nie vient de pas-ser un mois à la cam-pa-gne; c'est avec re-gret qu'el-le quit-te sa tan-te et sa cou-si-ne, qui ont eu pour el-le mil-le com-plai-san-ces. El-le les en re-mer-cie, et les prie d'ou-blier ses pe-ti-tes dé-so-bé-is-san-ces.

Ne man-quez ja-mais vo-tre priè-re, mes chers pe-tits an-ges, et le bon Dieu vous ren-dra sa-ges et ai-ma-bles; car il pro-té-ge tou-jours les en-fans pieux.

Il ne faut ja-mais a-voir peur sur l'eau lors-que l'on est ac-com-pa-gné de ses pa-rents, ils sont trop pru-dents pour ja-mais vous ex-po-ser au dan-ger. Il n'y a rien de si dé-sa-gré-a-ble que les en-fans peu-reux.

Ce pe-tit pâ-tis-sier vient d'ê-tre heur-té dans la rue, et voi-là tous ses gâ-teaux tom-bés dans la crot-te; il se-ra bien gron-dé, à son re-tour, par son maî-tre, et ce-pen-dant le pau-vre en-fant n'est pas cou-pa-ble; l'ac-ci-dent qui lui est ar-ri-vé n'est pas cau-sé par sa fau-te.

É-mi-le ai-me bien sa pe-ti-te Her-mi-nie, aus-si la lais-se-t-il se ba-lan-cer sans ja-mais de-man-der quand ce sera son tour. Soyez tou-jours com-plai-sans, mes chers en-fans, vous vous fe-rez ché-rir de tous ceux qui vous con-naî-tront.

M. Roux gâ-te bien sa pe-ti-te fil-le Hen-riet-te, par-ce qu'el-le est pré-ve-nan-te aux moin-dres ob-ser-va-tions qu'on lui fait. Soy-ez ai-ma-bles et gra-cieux pour vos grands pa-rens; leur seul bon-heur est celui que vous leur fai-tes goû-ter.

Mes pe-tits a-mis, ac-cou-tu-mez-vous de bon-ne heu-re à sou-la-ger l'in-for-tu-ne; rien n'est plus doux pour un bon cœur que de sé-cher les lar-mes des mal-heu-reux. Voyez Ed-mond et Ma-rie, ils dis-tri-buent leurs pe-ti-tes é-par-gnes à u-ne pau-vre fem-me.

Voi-là un ha-bit neuf, il faut que j'en pren-ne grand soin. Je vais ré-el-le-ment a-voir l'air d'un hom-me, il ne me man-que-ra plus qu'u-ne pe-tite can-ne com-me cel-le de mon cou-sin Ju-les.

Mon cher Al-fred, nous a-vons ré-u-ni quel-ques a-mis pour ve-nir pren-dre ce soir le thé a-vec toi, a-fin de fê-ter ton heu-reux re-tour. Va donc vi-te t'ha-bil-ler, a-fin d'être prêt à l'heu-re.

Vous a-vez l'air bien fa-ti-gué, mon pau-vre mon-sieur, vous de-vriez vous re-po-ser un in-stant, puis a-près je vous en-sei-gne-rai vo-tre che-min, car dans ce bois on se perd fa-ci-le-ment.

Mon cher pe-tit mon-
sieur, ma pau-vre mè-re
est bien ma-la-de, et de-
puis a-vant-hier el-le n'a
rien pris, soy-ez as-sez
bon pour a-voir pi-tié de
nous. Mon a-mi je ne puis te don-ner da-van-
ta-ge, car voi-là tout ce que je pos-sè-de.

Je ne sais pas en-co-re ma le-çon,
mais je vais me don-ner tant de mal
à l'ap-pren-dre qu'il fau-dra, bon gré
mal gré, que je sois le pre-mier à la
com-po-si-tion, car je l'ai pro-mis à
ma bon-ne mè-re.

Mes chè-res fil-les,
soy-ez tou-jours dou-ces,
pré-ve-nan-tes et ai-ma-
bles, croyez-moi, vous
vous fe-rez ché-rir de
tous ceux qui vous con-
naî-tront, et vous ren-drez bien heu-reu-se vo-tre
grand' mè-re qui vous aime bien ten-dre-ment.

Fé-lix est un pe-tit dés-o-béis-sant; son pè-re lui a-vait re-com-man-dé de ne pas s'é-loi-gner de ses com-pa-gnons, mais il a vou-lu al-ler trop près du bord de l'eau, et il vient de tom-ber.

Je suis vé-ri-ta-ble-ment bien heu-reu-se, mes chers en-fans ont été bien rai-son-na-bles, ils ont tra-vail-lé a-vec zè-le pen-dant tou-te u-ne se-mai-ne, aus-si s'a-mu-sent-ils bien a-vec leurs pe-tits a-mis.

Cé-ci-le joue un mor-ceau de pia-no qu'el-le a eu beau-coup de pei-ne à ap-pren-dre, mais aus-si est-el-le bien ré-com-pen-sée en en-ten-dant les é-lo-ges qu'on lui fait.

TABLEAU DE MULTIPLICATION.

2 fois 2 font 4
2 — 3 — 6
2 — 4 — 8
2 — 5 — 10
2 — 6 — 12
2 — 7 — 14
2 — 8 — 16
2 — 9 — 18
2 — 10 — 20
2 — 11 — 22
2 — 12 — 24
2 — 13 — 26
2 — 14 — 28

3 fois 3 font 9
3 — 4 — 12
3 — 5 — 15
3 — 6 — 18
3 — 7 — 21
3 — 8 — 24
3 — 9 — 27
3 — 10 — 30
3 — 11 — 33
3 — 12 — 36
3 — 13 — 39
3 — 14 — 42

4 fois. 4 font 16
4 — 5 — 20
4 — 6 — 24

4 fois 7 font 28
4 — 8 — 32
4 — 9 — 36
4 — 10 — 40
4 — 11 — 44
4 — 12 — 48
4 — 13 — 52
4 — 14 — 56

5 fois 5 font 25
5 — 6 — 30
5 — 7 — 35
5 — 8 — 40
5 — 9 — 45
5 — 10 — 50
5 — 11 — 55
5 — 12 — 60
5 — 13 — 65
5 — 14 — 70

6 fois 6 font 36
6 — 7 — 42
6 — 8 — 48
6 — 9 — 54
6 — 10 — 60
6 — 11 — 66
6 — 12 — 72
6 — 13 — 78
6 — 14 — 84

7 fois 7 font 49
7 — 8 — 56
7 — 9 — 63
7 — 10 — 70
7 — 11 — 77
7 — 12 — 84
7 — 13 — 91
7 — 14 — 98

8 fois 8 font 64
8 — 9 — 72
8 — 10 — 80
8 — 11 — 88
8 — 12 — 96
8 — 13 — 104
8 — 14 — 112

9 fois 9 font 81
9 — 10 — 90
9 — 11 — 99
9 — 12 — 108
9 — 13 — 117
9 — 14 — 126

10 fois 10 font 100
10 — 11 — 110
10 — 12 — 120
10 — 13 — 130
10 — 14 — 140

www.ingramcontent.com/pod-product-compliance
Lightning Source LLC
LaVergne TN
LVHW010115060726
842524LV00006B/2548